LOI

I0000170

comprenant les Titres I et II

du Code de Procédure Pénale Militaire

ET

Extrait du Code Pénal Militaire

ROUEN

Imprimerie Albert LAINÉ

5, rue des Basnage.

1915

LOI

comprenant les Titres I et II
du Code de Procédure Pénale Militaire

ET

Extrait du Code Pénal Militaire

ROUEN

Imprimerie Albert LAINÉ

5, rue des Basnage.

—

1915

LOI

Comprenant le Titre Ier du Code de procédure pénale militaire

———————

LÉOPOLD II, Roi des Belges,

A tous présents et à venir, SALUT.

Les Chambres ont adopté et Nous sanctionnons ce qui suit :

TITRE PREMIER

De la juridiction militaire.

CHAPITRE PREMIER

Personnes soumises aux lois pénales militaires.

ART. 1er. — Les lois pénales militaires régissent tous ceux qui font partie de l'armée :

1° Les officiers et les fonctionnaires qui leur sont assimilés en vertu d'un arrêté royal ;

2° Ceux qui sont incorporés en vertu d'obligations légales ou d'engagements volontaires et qui sont au service actif.

ART. 2. — Les militaires en congé limité sont réputés au service actif.

ART. 3. — Les personnes employées dans un établissement ou dans un service de l'armée peuvent être soumises, en vertu d'un arrêté royal réglementaire, à certaines dispositions des lois pénales militaires précisées dans leur contrat d'engagement.

ART. 4. — Les militaires en congé illimité sont soumis aux lois pénales militaires pour les infractions énumérées ci-après :

A. La trahison et l'espionnage ;

B. La participation à une révolte prévue par le Code pénal militaire ;

C. Les violences et les outrages envers un supérieur ou envers une sentinelle ;

D. La participation à une désertion avec complot, commise par des militaires ;

E. Le détournement et la soustraction frauduleuse d'objets quelconques affectés au service de l'armée et appartenant soit à l'Etat, soit à des militaires.

ART. **5.** — Les militaires en congé illimité sont soumis aux dispositions des lois militaires concernant la dégradation militaire.

ART. **6.** — Les militaires en congé illimité sont assimilés aux personnes n'appartenant pas à l'armée pour l'application des lois militaires concernant l'incorporation dans une compagnie de correction.

ART. **7.** — Les militaires en congé illimité ou définitif sont réputés au service actif pendant toute la journée dans laquelle ils sont astreints à une prestation de service militaire.

ART. **8.** — Les militaires en congé illimité ou définitif sont réputés au service actif pendant toute la journée dans laquelle ils quittent ou reprennent ce service.

ART. **9.** — Celui qui, dans l'année à dater de l'époque où les lois militaires ont cessé de lui être applicables, commet contre l'un de ses anciens supérieurs ou contre tout autre supérieur hiérarchique à l'occasion des relations de service qu'il a eues avec lui, l'une des infractions prévues aux articles 34 à 40 et 42 du Code pénal militaire et 443 à 452 du Code pénal ordinaire, demeure, de ce chef seulement, soumis à la juridiction et aux lois militaires.

Toutefois, dans le cas prévu par l'article 34 du Code pénal militaire, le coupable sera puni, quel que soit son grade, conformément au § 2 dudit article combiné avec l'article 60 du même Code.

ART. **10.** — En temps de guerre, la garde civique mobilisée est soumise aux lois pénales militaires.

ART. **11.** — La soumission aux lois militaires commence pour les miliciens et les volontaires de toutes les catégories dès le moment où un agent commis à cet effet, leur ayant préalablement donné lecture des lois militaires, leur fait la déclaration qu'ils sont soumis à ces lois.

L'accomplissement de ces deux formalités est constaté au moyen d'un procès-verbal signé par l'agent et la recrue ou, si celle-ci ne sait ou ne veut pas signer, par l'agent et deux témoins.

ART. **12.** — Le milicien qui s'expatrie pour se soustraire à ses obligations est soumis aux lois militaires à partir du moment où la loi le déclare déserteur.

ART. **13.** — Les prisonniers de guerre sont soumis aux lois militaires belges pour les infractions énumérées ci-après :

A. La trahison et l'espionnage ;

B. La participation à une révolte prévue par le Code pénal militaire et commise par les Belges ou par des étrangers ;

C. La participation à une désertion avec complot commise par des militaires belges ;

D. Les violences et les outrages envers un militaire belge d'un grade supérieur à celui dont ils sont eux-mêmes revêtus dans l'armée de leur pays, ou envers une sentinelle ;

E. Les infractions visées à l'article 9 commises envers un supérieur de leur armée ;

F. L'insubordination prévue par l'article 28 du Code pénal militaire, quand l'ordre émane d'un militaire belge de grade supérieur au leur.

Art. 14. — Les étrangers, même non militaires, qui, en temps de guerre, se réfugient sur le territoire belge sont soumis aux lois militaires pour les infractions reprises sous les lettres *A*, *B* et *C* de l'article précédent et pour les violences et outrages envers les militaires chargés de les surveiller ou envers une sentinelle.

Art. 15. — Quand la loi pénale est appliquée à un militaire étranger, la peine est déterminée, abstraction faite de tout grade, comme à l'égard d'une personne n'appartenant pas à l'armée, conformément à l'article 60 du Code pénal militaire.

Art. 16. — En temps de guerre, les espions, les recéleurs d'espions, les embaucheurs et ceux qui recèlent des militaires étrangers sont jugés par la juridiction militaire.

Art. 17. — Les prisonniers de guerre sont jugés par les tribunaux militaires.

Il en est de même, dans les cas prévus à l'article 14, des étrangers qui, en temps de guerre, se réfugient sur le territoire belge.

Art. 18. — En temps de guerre, les personnes légalement réquisitionnées sont justiciables de la juridiction militaire pour les infractions relatives à leurs obligations légales.

Art. 19. — En temps de guerre, les personnes attachées à l'armée à quelque titre que ce soit, et celles autorisées à suivre un corps de troupes sont jugées par la juridiction militaire pour toutes les infractions qui peuvent leur être imputées.

Art. 20. — Quand, dans une place investie par l'ennemi ou se trouvant en cas de guerre dans les circonstances qui, d'après les règlements militaires, constituent l'état de siège, il n'existe pas de tribunaux ordinaires, ou que ceux-ci ont cessé de fonctionner, les habitants sont jugés par la juridiction militaire pour toutes les infractions aux lois ordinaires et conformément à celles-ci.

CHAPITRE II

Compétence de la juridiction militaire.

Art. **21.** — La juridiction militaire juge toutes les infractions aux lois pénales militaires ou de droit commun commises par ceux qui, lors de la perpétration du fait, étaient soumis aux dispositions des articles 1er à 4, 7 à 10, 12 à 14 du présent Code.

Art. **22.** — Quand un militaire en congé illimité et un militaire en activité sont poursuivis simultanément, soit comme auteurs, coauteurs ou complices, soit à raison d'infractions connexes, ils sont jugés par les tribunaux militaires pour toutes les infractions.

Art. **23.** — La juridiction ordinaire est seule compétente pour juger les militaires :
1o En toute matière relative aux impôts publics, directs ou indirects ;
2o En matière de chasse et de pêche ;
3o Pour les infractions aux lois et règlements sur la grande voirie, le roulage, les messageries, les postes, les barrières, la police des chemins de fer, la police rurale ou forestière, ainsi que pour les infractions aux règlements provinciaux et communaux ;
4o En matière de duel, quand le militaire s'est battu avec une personne non militaire, lors même que cette dernière ne serait pas poursuivie.
[Les infractions indiquées au numéro 3o restent cependant soumises à la juridiction militaire lorsqu'elles ont été commises pendant le service, ou bien par un militaire logé chez un particulier sur la réquisition de l'autorité publique, ou faisant partie d'une troupe en marche ou en campagne.]

Art. **24.** — Le ministère public près d'un tribunal ordinaire, la chambre du conseil ou le juge saisi de la poursuite d'une contravention peuvent renvoyer le prévenu militaire à son chef de corps pour être puni disciplinairement.

Art. **25.** — Les gendarmes ne sont justiciables des tribunaux ordinaires que pour les infractions relatives au service judiciaire des tribunaux et à la police administrative.

Art. **26.** — Quand une personne justiciable de la juridiction militaire et une personne justiciable de la juridiction ordinaire sont poursuivies simultanément, soit comme auteurs, coauteurs, ou complices d'une infraction aux lois pénales, soit à raison d'infractions connexes, la juridiction ordinaire est compétente pour juger la personne justiciable de la juridiction militaire.

Art. **27.** — Si la chambre du conseil ou la chambre des mises en accusation décide qu'il n'y a pas lieu de poursuivre la personne justiciable de la juridiction ordinaire, mais estime qu'il y a lieu de poursuivre la personne justiciable de la juridiction militaire, elle renvoie celle-ci à la juridiction militaire.

Art. **28.** — Si la chambre du conseil ou la chambre des mises en accusation estime qu'il n'y a pas lieu de poursuivre la personne justiciable de la juridiction militaire, elle rend une ordonnance de non-lieu. Elle ne peut se saisir de nouveau quant à elle que si, à raison de charges nouvelles, il y a lieu de la comprendre dans une reprise de poursuites contre une personne justiciable de la juridiction ordinaire.

Art. **29.** — Quand la juridiction militaire estime qu'il y a lieu de comprendre dans les poursuites les personnes justiciables de la juridiction ordinaire, elle sursoit au jugement jusqu'après décision du magistrat civil compétent.

Art. **30.** — Quand la juridiction ordinaire est appelée à juger une personne justiciable de la juridiction militaire, elle lui applique la loi militaire.

Art. **31.** — La juridiction ordinaire peut juger sans désemparer, et dans les limites du droit commun, après l'avoir toutefois pourvue d'un défenseur d'office, la personne justiciable de la juridiction militaire ayant commis une infraction aux lois ordinaires à l'audience du tribunal ou de la cour, ou la renvoyer devant l'auditeur militaire compétent.

Dans tous les cas, elle peut ordonner l'arrestation.

Art. **32.** — En cas de contravention ou de délit commis à l'audience d'un tribunal militaire par une personne justiciable de la juridiction ordinaire, il est procédé conformément à l'article précédent, soit en jugeant immédiatement cette personne, soit en la renvoyant devant le procureur du Roi.

Art. **33.** — L'action pour la réparation du dommage causé par une infraction appartenant à la compétence de la juridiction militaire peut être poursuivie en même temps et devant les mêmes juges que l'action publique.

Il en est de même des demandes de dommages-intérêts formées par le prévenu contre la partie civile ou contre les coprévenus.

La juridiction militaire pourra ordonner les restitutions suivant le droit commun.

Art. **34.** — Les dispositions énoncées dans l'article 9 de la loi du 31 mai 1888, instituant la condamnation conditionnelle, sont rendues applicables, pour les peines autres que les peines militaires, aux infractions commises par les personnes qui appartiennent à l'armée ou qui sont justiciables de la juridiction militaire.

: Lorsque le coupable a été condamné à l'emprisonnement et à l'incorporation dans une compagnie de correction, le sursis accordé pour l'exécution de la peine d'emprisonnement ne met pas obstacle à l'exécution immédiate de la peine d'incorporation.

Il sera rendu compte tous les trois ans aux Chambres de l'exécution de la présente disposition.

Promulguons la présente loi, ordonnons qu'elle soit revêtue du sceau de l'Etat et publiée par la voie du *Moniteur*.

Donné à Laeken, le 15 juin 1899.

LÉOPOLD.

Par le Roi :

Le Ministre de la Justice,

V. BEGEREM.

Scellé du sceau de l'Etat :

Le Ministre de la Justice,

V. BEGEREM.

LOI

Comprenant le Titre II du Code de procédure pénale militaire

LÉOPOLD II, Roi des Belges,

A tous présents et à venir, SALUT.

Les Chambres ont adopté et Nous sanctionnons ce qui suit :

TITRE II

Organisation judiciaire dans l'Armée.

CHAPITRE PREMIER

Commissions judiciaires.

SECTION 1re. — *Au siège du conseil de guerre.*

ART. **35**. — Au siège du conseil de guerre, la commission judiciaire chargée de l'instruction écrite est composée, outre l'auditeur militaire qui la préside et qui dirige l'instruction, d'un capitaine et d'un lieutenant, sans préjudice à l'application des articles 140 et 147 du présent Code.

ART. **36**. — Les membres de la commission sont désignés par le commandant territorial parmi les officiers de la garnison, à tour de rôle, d'après le rang d'ancienneté.

ART. **37**. — Ils sont désignés pour un mois, à moins que le commandant territorial ne fixe une période plus courte à raison des nécessités du service.

Dans tous les cas, ils peuvent être chargés par le commandant territorial de terminer une instruction commencée.

ART. **38**. — Les fonctions de greffier sont remplies par le greffier du conseil de guerre.

SECTION II. — *Hors du siège du conseil de guerre.*

ART. **39**. — Hors du siège du conseil de guerre, la commission judiciaire est composée d'un capitaine, président, assisté de deux lieutenants.

L'un de ces derniers rédige les procès-verbaux et la correspondance.

2

L'auditeur militaire peut, s'il le juge nécessaire, faire partie de cette commission. Dans ce cas, elle sera composée, outre l'auditeur militaire, d'un capitaine et d'un lieutenant.

ART. **40**. — Les membres de la commission judiciaire sont désignés pour une ou plusieurs affaires spécialement indiquées, par le commandant territorial, parmi les officiers en activité de service de la garnison, à tour de rôle, d'après le rang d'ancienneté.

SECTION III. — Près la cour militaire.

ART. **41**. — La commission judiciaire est composée de l'auditeur général, qui la préside et qui dirige l'instruction, et de deux officiers, l'un du grade du prévenu, l'autre du grade supérieur, sauf l'application de l'article 113 du présent Code.

ART. **42**. — Ces officiers sont désignés par le sort.

A cet effet, le président de la cour militaire, sur le réquisitoire de l'auditeur général et en observant les règles prescrites pour la formation de celle-ci, procède à un tirage au sort parmi les officiers compris dans les listes, après en avoir éliminé les membres composant la cour au moment du tirage.

ART. **43**. — Les fonctions de greffier sont remplies par le greffier de la cour.

SECTION IV. — Disposition commune.

ART. **44**. — Les membres des commissions judiciaires qui ignorent la langue flamande ont un suppléant connaissant cette langue ; il est désigné de la manière prescrite aux articles 36, 40 et 42.

CHAPITRE II

Conseils de guerre permanents.

ART. **45**. — Il y a un conseil de guerre permanent à Anvers, pour les provinces d'Anvers et de Limbourg ; à Bruxelles, pour le Brabant ; à Gand, pour la Flande orientale ; à Mons, pour le Hainaut ; à Liège, pour les provinces de Liège et de Luxembourg ; à Namur, pour la province de Namur ; à Bruges, pour la Flandre occidentale.

Les auditorats de Bruxelles et Anvers sont de première classe ; ceux de Mons, Liège et Gand, de seconde classe ; ceux de Namur et Bruges, de troisième classe.

ART. **46** — Le conseil de guerre permanent est composé de :
1° un officier supérieur, président ; 2° un membre civil ;
3° deux capitaines ; 4° un lieutenant.

ART. **47**. — Les membres militaires du conseil de guerre
sont désignés, à tour de rôle, parmi les officiers en activité de
service. Chacun d'eux a un suppléant. Ils sont désignés pour
une session d'un mois.

Les membres effectifs ou leurs suppléants doivent connaître
la langue flamande.

ART. **48**. — Avant la dernière audience du conseil de
guerre, le commandant territorial transmet au président des
listes des officiers de chaque grade, d'après leur ancienneté,
en indiquant ceux qui sont empêchés et le motif de l'empêchement.

Les listes indiquent aussi, en regard du nom de chaque
officier, s'il connaît ou ne connaît pas la langue flamande.

ART. **49**. — Les listes comprennent tous les officiers résidant au siège du conseil de guerre. Cependant, d'après les
instructions du ministre de la guerre ou en cas d'urgence, le
commandant territorial peut comprendre dans les listes, pour
tous les grades ou pour un d'eux, tous les officiers résidant
dans une ou plusieurs autres garnisons.

ART. **50**. — Dans la dernière audience publique de chaque
session, le président constate, au moyen des listes, quels
sont les plus anciens officiers de chaque grade qui suivent
les sortants ayant siégé. Il proclame le premier membre
effectif, le second membre suppléant du conseil pour la
session suivante, en tenant compte de la disposition de
l'article 46 qui fait entrer deux capitaines dans la composition
du conseil.

Si le membre effectif ne connaît pas le flamand, le président
désigne comme membre suppléant le plus ancien de ceux qui
comprennent cette langue.

Il est dressé un procès-verbal dont copie est transmise au
commandant territorial.

ART. **51**. — Le membre civil du conseil de guerre est nommé
par le Roi, pour un terme de trois ans, parmi les juges effectifs des tribunaux de première instance du ressort de la cour
d'appel où siège le conseil.

Il doit connaître la langue flamande.

ART. **52**. — En cas d'empêchement, il est remplacé par
un autre juge désigné par le premier président de la cour
d'appel.

ART. **53**. — Le magistrat civil prend rang immédiatement
après le président.

Art. **54**. — Au début de la première audience dans laquelle ils sont appelés à siéger, et sur la réquisition de l'auditeur militaire, les officiers appelés à faire partie d'un conseil de guerre prêtent le serment suivant : « Nous jurons de remplir loyalement nos fonctions de président et membres de ce conseil ; de garder le secret des délibérations et de juger les hommes traduits devant nous sans haine, sans crainte, sans complaisance, avec la seule volonté d'exécuter la loi ». Après avoir lu la formule du serment, le président, debout et en levant la main, dit : « Je le jure ».

Chacun des autres membres du conseil dit à son tour : « Je le jure ».

Art. **55**. — Le membre effectif empêché est remplacé par son suppléant.

A défaut de suppléant, on assume l'officier qui le suit dans la liste générale.

Art. **56**. — La désignation des suppléants et des officiers assumés est faite par le président du conseil, ou, en cas d'empêchement du président, par le commandant territorial, sur la réquisition de l'auditeur.

Art. **57**. — Le conseil a un règlement d'ordre intérieur, établi par arrêté royal, sur l'avis émis par le conseil, l'auditeur militaire entendu.

CHAPITRE III

Conseils de guerre en temps de guerre.

Art. **58**. — Pour l'application des lois pénales et l'organisation des juridictions, le temps de guerre commence au jour fixé par arrêté royal pour la mobilisation de l'armée. Il prend fin au jour fixé par arrêté royal pour la remise de l'armée sur pied de paix.

Art. **59**. — En temps de guerre, le Roi peut modifier le siège et les ressorts des conseils de guerre permanents.

Art. **60**. — En temps de guerre, le commandant du siège d'un conseil de guerre permanent peut ordonner le renouvellement des membres militaires de ce conseil, chaque fois que cette mesure est justifiée par les mouvements du corps de troupe de la garnison.

Art. **61**. — Le Roi peut instituer des « conseils de guerre en campagne » accompagnant les fractions de l'armée déterminées par l'arrêté d'institution.

Art. **62**. — Le conseil de guerre en campagne est composé, autant que possible, comme il est dit à l'article 46.

Le commandant du corps d'armée près duquel il est institué un conseil de guerre en campagne, désigne, comme membre civil, un magistrat civil acceptant l'office ou, à son défaut, un docteur en droit.

Lorsque la désignation d'un membre civil n'est pas possible, le conseil de guerre en campagne est composé d'un officier supérieur, président, de deux capitaines et de deux lieutenants.

Chacun des membres militaires du conseil de guerre en campagne a un suppléant.

Autant que possible, le membre civil et les membres militaires, effectifs ou suppléants, doivent connaître la langue flamande.

Art. **63**. — Les membres militaires du conseil sont désignés par le sort parmi les officiers des troupes près desquelles le conseil est institué.

Art. **64**. — A ces fins, le général commandant fait dresser les listes de ces officiers; il biffe les noms de ceux qui ne pourraient, sans préjudice grave, être distraits de leur service ordinaire.

Art. **65**. — Le tirage au sort est fait en présence des officiers réunis au rapport du général commandant.

Art. **66**. — Le procès-verbal du tirage au sort est mentionné dans tout jugement du conseil de guerre par sa date, le lieu où il a été rédigé et le nom du général commandant.

Art. **67**. — Le conseil connaît de l'affaire ou des affaires pour lesquelles il a été formé.

Il peut être aussi formé pour connaître de toutes les affaires portées devant lui pendant une période de temps fixée par le général commandant.

Art. **68**. — Quand une place est investie ou quand elle se trouve dans des circonstances qui, d'après les règlements militaires, constituent l'état de siège, le commandant peut instituer un conseil de guerre, s'il n'y en a déjà.

Il observe, autant que possible, les règles prescrites pour la formation des conseils de guerre en campagne.

Art. **69**. — L'article précédent est applicable au commandant d'une fraction de l'armée dont les communications sont interrompues par l'ennemi ou par force majeure.

Art. **70**. — Quand l'intérêt de l'armée l'exige, le commandant en chef de l'armée peut ordonner le jugement d'un officier supérieur ou général par un conseil de guerre.

Art. **71**. — Tout commandant dont les communications sont interrompues exerce le même droit à l'égard des officiers supérieurs et généraux sous ses ordres.

Art. **72.** — Le conseil de guerre mentionné dans les deux articles précédents est présidé par un officier général.

Il est composé pour le surplus, en observant les règles prescrites pour la formation de la cour militaire, à raison du grade du prévenu.

Art. **73.** — Les président et membres du conseil de guerre en campagne prêtent serment en audience publique dans la forme prescrite par l'article 54.

Art. **74.** — Le greffier du conseil de guerre en campagne est nommé par le commandant.

Art. **75.** — Les archives des conseils de guerre en campagne sont déposées à la cour militaire.

CHAPITRE IV

Des auditeurs militaires.

Art. **76.** — Les fonctions du ministère public près les conseils de guerre sont remplies par des auditeurs militaires; ils doivent être docteurs en droit et âgés de 30 ans accomplis.

Dans les provinces de la Flandre occidentale, de la Flandre orientale, d'Anvers et du Brabant, ils doivent connaître la langue française et la langue flamande.

Art. **77.** — L'auditeur militaire peut avoir un substitut, docteur en droit et âgé de 25 ans accomplis.

Dans les provinces de Liège, de Namur et du Hainaut, le substitut de l'auditeur doit connaître la langue flamande si l'auditeur ignore cette langue.

Le même magistrat peut être substitut de deux auditeurs militaires. Dans ce cas, l'arrêté royal d'institution dit à quel auditorat le titulaire appartient principalement et quelles fonctions spéciales il est chargé d'exercer dans l'autre auditorat. En cas de contestation au point de vue de l'exercice de ces fonctions, l'auditeur général décide.

Art. **78.** — Il y a près de chaque conseil de guerre un auditeur militaire suppléant, docteur en droit et âgé de 25 ans accomplis.

Dans les provinces d'Anvers, du Brabant, de la Flandre orientale et de la Flandre occidentale, il doit connaître les langues française et flamande.

Il ne reçoit pas de traitement.

Le Ministre de la justice peut lui allouer des indemnités à raison des services rendus.

Art. **79.** — Les auditeurs militaires, leurs substituts et leurs suppléants sont nommés et peuvent être révoqués par le Roi.

Ils reçoivent dans l'armée les honneurs prescrits pour les officiers supérieurs.

ART. 80. — Le Ministre de la justice peut, en cas de nécessité, déléguer un magistrat d'un parquet militaire, effectif ou suppléant, pour remplir temporairement les fonctions d'auditeur ou de substitut de l'auditeur.

ART. 81. — Les auditeurs en campagne sont désignés par le Ministre de la guerre, parmi les auditeurs provinciaux.

A défaut d'auditeurs provinciaux, le Roi peut nommer soit les substituts ou les suppléants des auditeurs, soit des magistrats civils.

ART. 82. — Au besoin, le commandant près lequel est institué un conseil de guerre en campagne désigne, pour remplir les fonctions d'auditeur, soit un magistrat civil acceptant l'office, soit un docteur en droit, soit un officier.

ART. 83. — L'officier remplissant les fonctions d'auditeur doit être d'un grade plus élevé que celui du prévenu.

ART. 84. — Sur la réquisition de l'auditeur empêché, son suppléant est tenu de le remplacer, soit pour des actes déterminés, soit pour tout le service.

L'auditeur informe l'auditeur général du remplacement et de ses motifs.

En cas de nécessité, le suppléant est tenu de remplir les fonctions d'auditeur effectif ou de substitut, si l'auditeur général le requiert.

ART. 85. — L'auditeur qui n'a pas de substitut a le droit de se faire remplacer par son suppléant pendant la moitié des vacances judiciaires, à moins que l'auditeur général ne décide que les nécessités du service s'y opposent.

ART. 86. — En tout autre temps, l'auditeur ou son substitut ne peuvent s'absenter de leur résidence pendant plus de trois jours ; l'auditeur sans congé de l'auditeur général, le substitut, sans congé de l'auditeur.

Si l'absence doit se prolonger au-delà d'un mois, la permission du Ministre de la justice est nécessaire.

ART. 87. — L'auditeur ou son substitut ne peuvent s'absenter si le service doit souffrir de leur absence.

ART. 88. — Par l'acceptation de leurs fonctions, les auditeurs militaires, leurs substituts et leurs suppléants, les greffiers des conseils de guerre et les greffiers adjoints contractent l'obligation d'accepter, en temps de guerre, le poste judiciaire qui leur sera assigné dans l'armée mobilisée.

Art. **89.** — L'auditeur est chargé de l'exécution des décisions du conseil de guerre.

Art. **90.** — Il tient un registre de notices dans lequel sont inscrites, par ordre de date, toute dénonciation ou plainte reçue par lui, et toute poursuite commencée, avec sa décision, jusqu'au renvoi devant le conseil de guerre.

Le 1er et le 16 de chaque mois, il transmet à l'auditeur général une copie des notices de la quinzaine.

Art. **91.** — Il tient un registre des jugements, dans lequel sont inscrits les noms de toutes les personnes jugées par le conseil de guerre avec la qualification des infractions, la décision, les dates des pourvois en appel ou en cassation avec les solutions intervenues, les dates du commencement et de la fin de l'exécution des peines prononcées, le lieu où ces peines sont subies et les remises ou réductions de peines accordées par le Roi.

Art. **92.** — Il est tenu de fournir aux généraux commandants, aux chefs de corps, à ses collègues et aux magistrats civils les renseignements et avis demandés par eux concernant le service judiciaire.

Art. **93.** — Il ne peut communiquer des pièces judiciaires à d'autres personnes sans l'autorisation de l'auditeur général.

Art **94.** — Il a le droit de visiter les prisons où des militaires sont détenus. Il informe l'auditeur général de toute irrégularité qu'il y constate.

Art. **95.** — A son entrée en fonctions, l'auditeur dresse un inventaire des archives et des objets dont il est responsable. Il en transmet une copie à l'auditeur général.

CHAPITRE V

Des Greffiers, Experts, Médecins et Interprètes.

Art. **96.** — Il y a, près de chaque conseil de guerre, un greffier âgé de 25 ans accomplis; il est nommé et peut être révoqué par le Roi.

Il peut avoir un ou plusieurs adjoints.

Dans les provinces de la Flandre occidentale, de la Flandre orientale, d'Anvers et du Brabant, il doit connaître la langue française et la langue flamande.

Dans les provinces de Liège, de Namur et du Hainaut, il doit avoir un adjoint connaissant la langue flamande si, lui-même, il ignore cette langue.

Il reçoit, dans l'armée, les honneurs prescrits pour les officiers subalternes.

Art. **97.** — Le greffier est chargé, sous la surveillance du président et du membre civil du conseil, de la rédaction des procès-verbaux d'audience et de la transcription des jugements.

Pour tous les autres actes de ses fonctions, le greffier est placé sous la surveillance de l'auditeur.

Art. **98.** — Le greffier délivre, sans frais, les copies et états prescrits par le règlement d'ordre intérieur du conseil de guerre ou demandés par l'auditeur.

Art. **99.** — Les commissions judiciaires et les conseils de guerre désignent, autant que possible, dans l'armée, les médecins légistes, les experts et les interprètes.

Art. **100.** — Dans ce cas, aucune indemnité n'est allouée aux militaires, sauf les débours et frais de voyages, recouvrables comme frais de justice.

Art. **101.** — Les médecins, experts et interprètes prêtent serment dans le cas et de la manière prescrits pour les tribunaux correctionnels.

L'interprète requis dans plusieurs affaires ne renouvelle pas la prestation du serment dans la même audience, mais le procès-verbal de chaque affaire mentionne l'accomplissement de la formalité.

CHAPITRE VI

De la Cour militaire.

Art. **102.** — Il y a pour tout le royaume une cour militaire siégeant à Bruxelles.

En temps de guerre, le Roi peut lui assigner un autre siège.

Art. **103.** — Le président de la cour militaire est nommé par le Roi.

Il doit être choisi parmi les membres des cours du pays, ayant rempli pendant dix ans des fonctions judiciaires, et connaître la langue française et la langue flamande.

Il est inamovible et soumis aux dispositions de la loi sur la retraite des magistrats.

Il reçoit dans l'armée les honneurs prescrits pour les officiers généraux.

En cas d'empêchement, il est remplacé par un magistrat réunissant les conditions requises par le deuxième alinéa du présent article et désigné par le Ministre de la justice.

Art. **104.** — La cour militaire connaît des appels des jugements des conseils de guerre.

Elle juge directement :

1º Tous les officiers de l'armée d'un rang supérieur à celui de capitaine ;

2º Les membres militaires des conseils de guerre poursuivis pour infractions commises dans l'exercice ou à l'occasion de l'exercice de leurs fonctions.

Art. **105.** — Elle est composée, outre le président, de quatre membres : un lieutenant général ou général-major, un colonel ou lieutenant-colonel et deux majors.

Chaque membre effectif a un suppléant.

L'un ou l'autre doit connaître la langue flamande.

Les membres effectifs et les membres suppléants sont désignés par le sort pour une session d'un mois.

Art. **106.** — Avant le 20 de chaque mois, le Ministre de la guerre transmet au président de la cour des listes des officiers de grade supérieur à celui de capitaine en activité, en disponibilité ou à la section de réserve.

Les listes indiquent, pour chaque officier, s'il connaît ou ne connaît pas la langue flamande.

Art. **107.** — Les listes comprennent tous les officiers résidant au siège de la cour, le Ministre de la guerre seul excepté.

Cependant, dans l'intérêt du service et à la demande du président de la cour, elles peuvent comprendre pour tous les grades ou pour un d'eux tous les officiers résidant dans une ou plusieurs garnisons.

Art. **108.** — Dans la dernière audience publique de chaque session, le président retranche de chaque liste les noms des officiers ayant siégé dans le courant des six derniers mois.

Il procède ensuite au tirage au sort des membres appelés à siéger le mois suivant.

Si le membre effectif ne connaît pas le flamand, le tirage au sort de son suppléant est fait exclusivement entre les officiers connaissant cette langue.

Art. **109.** — Des expéditions du procès-verbal du tirage au sort, dressées par le greffier, sont adressées au Ministre de la guerre et au procureur général près la cour de cassation.

Art. **110.** — Quand le prévenu est directement justiciable de la cour militaire, les membres qui lui sont inférieurs en grade sont remplacés par les suppléants de grade supérieur.

Art. **111.** — Si la cour ne peut se constituer au moyen des suppléants, elle est complétée par un tirage au sort supplémentaire.

ART. 112. — Pour le jugement d'un général-major, la cour est composée de deux lieutenants-généraux et de deux généraux-majors.

ART. 113. — Pour le jugement d'un lieutenant général, le tirage au sort supplémentaire est fait entre tous les officiers du même grade, dans toute l'armée, sans égard à l'ancienneté.

ART. 114. — Avant leur entrée en fonctions et sur le réquisitoire de l'auditeur général, les membres militaires de la cour prêtent serment en audience publique.

Après lecture par le président de la formule suivante : « Vous jurez de remplir loyalement vos fonctions de membre de cette cour, de garder le secret des délibérations et de juger les hommes traduits devant nous sans haine, sans crainte, sans complaisance, avec la seule volonté d'exécuter la loi », chacun des membres de la cour répond individuellement en levant la main : « Je le jure. »

ART. 115. — Le greffier de la cour est nommé et peut être révoqué par le Roi.

Il doit être âgé de 25 ans accomplis et connaître la langue française et la langue flamande.

S'il n'est officier dans l'armée ou docteur en droit, il doit avoir rempli, pendant cinq ans, à tite effectif ou comme suppléant, des fonctions de magistrat de l'ordre judiciaire, de greffier ou de secrétaire d'un parquet.

Il reçoit dans l'armée les honneurs prescrits pour les officiers supérieurs.

Il peut avoir un ou plusieurs adjoints nommés par le Roi et réunissant les mêmes conditions.

ART. 116. — Le greffier tient les registres et écritures déterminés par le règlement de la cour ou ordonnés par le président ou par le Ministre de la justice.

ART. 117. — Il délivre sans frais les copies ou extraits demandés par le président ou par l'auditeur général.

ART. 118. — Il est soumis aux dispositions de la loi relative aux greffiers des cours d'appel, en se conformant au règlement de la cour militaire.

ART. 119. — Le règlement d'ordre intérieur de la cour militaire est établi par arrêté royal pris sur l'avis de la cour.

CHAPITRE VII

De l'auditeur général.

Art. 120. — L'auditeur général est nommé et peut être révoqué par le Roi.

Il doit être docteur en droit, âgé de 35 ans accomplis et connaître la langue française et la langue flamande.

Il reçoit dans l'armée les honneurs prescrits pour les officiers généraux.

Art. 121. — L'auditeur général remplit les fonctions du ministère public près la cour militaire.

Art. 122. — Il recherche et poursuit toutes les infractions de la compétence de la cour militaire ou des conseils de guerre.

Art. 123. — Il peut remplir lui-même toutes les fonctions de la compétence des auditeurs militaires.

Il a le droit d'occuper devant les conseils de guerre le siège du ministère public.

Art. 124. — Il surveille les actes des auditeurs militaires et des greffiers des conseils de guerre, la tenue de leurs registres et écritures, la conservation des archives, la convenance des locaux, la conduite des agents auxiliaires et tout ce qui se rapporte à l'administration de la justice.

Art. 125. — Il signale au Ministre de la justice et au Ministre de la guerre toute irrégularité dans les services et toute mesure propre à assurer l'exécution des lois.

Art. 126. — L'auditeur général a un substitut; il doit être docteur en droit, âgé de 30 ans accomplis et connaître les langues française et flamande.

Il est nommé et peut être révoqué par le Roi.

Il reçoit dans l'armée les honneurs prescrits pour les officiers supérieurs.

Art. 127. — L'auditeur général peut se faire remplacer par son substitut dans tous les actes de ses fonctions.

En cas d'empêchement, le substitut le remplace de plein droit.

Art. 128. — En cas d'empêchement du substitut, le Ministre de la justice peut déléguer pour le remplacer soit un auditeur militaire, soit un magistrat des parquets des cours d'appel ou des tribunaux de première instance.

Art. 129. — L'auditeur général et son substitut ont voix consultative dans les assemblées générales de la cour.

CHAPITRE VIII

Dispositions générales.

Art. **130**. — Le président de la cour militaire et l'auditeur général prêtent, entre les mains du Roi, en personne ou par écrit, le serment prescrit par le décret du 20 juillet 1831.

Art. **131**. — Le substitut de l'auditeur général, les auditeurs militaires, leurs substituts et suppléants, les greffiers et les greffiers adjoints de la cour militaire et les greffiers des conseils de guerre prêtent le même serment devant la cour, en y ajoutant : « Je jure de remplir fidèlement les fonctions de... »

Art. **132**. — Les greffiers adjoints des conseils de guerre prêtent ce dernier serment devant le conseil de guerre près duquel ils sont appelés à exercer leurs fonctions.

Art. **133**. — Les dispositions légales concernant les fonctions de l'ordre judiciaire sont applicables aux magistrats et fonctionnaires des tribunaux militaires par l'assimilation des conseils de guerre aux tribunaux de première instance, et de la cour militaire aux cours d'appel, sauf les exceptions prévues.

Art. **134**. — Les poursuites judiciaires contre le président de la cour militaire, l'auditeur général et son substitut ont lieu, dans les mêmes cas, devant la même juridiction et avec la même procédure que celles contre les membres de cours d'appel.

Art. **135**. — Les poursuites judiciaires contre les auditeurs militaires et leurs substituts ont lieu, dans les mêmes cas, devant la même juridiction et avec la même procédure que celles contre les membres des tribunaux de première instance.

Art. **136**. — La disposition qui précède est applicable aux auditeurs militaires suppléants poursuivis du chef de crimes ou de délits commis dans l'exercice de leurs fonctions.

Art. **137**. — L'auditeur général et son substitut, les auditeurs militaires et leurs substituts sont exempts du service de la garde civique.

Art. **138**. — Les attributions conférées au commandant territorial sont exercées, sous l'autorité du commandant de circonscription militaire, par le commandant de la province dans laquelle siège le conseil de guerre.

Toutefois, hors de ce siège, les pièces de l'information sont adressées au commandant de la place qui institue la commission judiciaire.

Le Roi peut modifier les dispositions du présent article, à raison de changements dans l'organisation des commandements territoriaux.

ART. **139**. — Les attributions conférées au chef de corps sont exercées par le commandant de détachement, dans les limites tracées par les règlements militaires.

ART. **140**. — Quand le prévenu est officier, aucune fonction judiciaire ne peut être remplie à son égard par un officier inférieur en grade ou moins ancien dans le grade.

ART. **141**. — Les membres de la commission judiciaire, ceux du conseil de guerre et ceux de la cour militaire sont soumis aux règles établies pour les magistrats civils sur la récusation et, sauf les exceptions prévues par la loi, sur les incompatibilités.

ART. **142**. — Sont tenus de se récuser, les Membres de la commission judiciaire, ceux du conseil de guerre et ceux de la cour militaire qui ont pris part à la procédure antérieure, à l'exception des chefs de corps qui se sont bornés à prescrire la transmission des pièces.

ART. **143**. — Tout membre d'une commission judiciaire, d'un conseil de guerre ou de la cour militaire est considéré comme empêché s'il ignore la langue dont la connaissance est nécessaire à l'accomplissement de ses fonctions.

ART. **144**. — Tout membre d'une commission judiciaire, d'un conseil de guerre ou de la cour militaire qui, pour un motif non prévu par la loi, estime qu'il y a pour lui convenance de se récuser, en fait la déclaration à ses collègues qui décident.

ART. **145**. — Le commandant territorial ne concourt pas au service de la cour militaire ni des conseils de guerre.

ART. **146**. — Celui contre l'autorité duquel l'infraction a été commise, ou qui a été lésé par celle-ci, ne peut prendre part à aucun des actes judiciaires auxquels elle donne lieu.

ART. **147**. — Quand il est impossible, soit à raison du grade du prévenu, soit pour tout autre motif, de faire remplir une fonction judiciaire par un officier du grade déterminé par la loi, cette fonction est remplie par un officier du grade supérieur.

ART. **148**. — Sauf les cas de force majeure, les devoirs des fonctions judiciaires priment les autres services militaires.

Le service de la cour militaire prime celui des conseils de guerre.

ART. **149**. — Les officiers d'instruction, ainsi que ceux

appelés à faire partie des conseils de guerre ou de la cour militaire, ne reçoivent de congé qu'en cas de nécessité absolue.

Art. **150.** — Le mode de nomination ou de désignation des greffiers adjoints des conseils de guerre, des messagers et des employés des parquets est fixé par le Roi.

Art. **151.** — Lorsque les greffiers sont empêchés ou lorsqu'il y aurait péril à attendre leur présence, la cour militaire, le conseil de guerre, la commission judiciaire ou l'auditeur militaire, suivant les cas, peuvent assumer, en qualité de greffier, telle personne qu'ils trouvent convenable, pourvu qu'elle soit Belge et majeure et qu'elle prête devant eux le serment imposé aux fonctionnaires publics.

Art. **152.** — Les traitements alloués aux membres permanents des juridictions militaires sont fixés conformément au tableau ci-joint :

TABLEAU DES TRAITEMENTS ALLOUÉS AUX MEMBRES PERMANENTS
DES JURIDICTIONS MILITAIRES

Cour militaire.

Président...................... F. 9,000
Auditeur général............. » 9,000
Substitut de l'auditeur général. » 6,500

	Inférieurs	Moyens	Supérieurs
Greffier.................	F. 4,000	4,500	5,000
Greffier adjoint...........	» 2,600	2,800	3,000

Conseils de guerre.

Auditeurs militaires de 1re classe.... F. 6,500
— 2e — .... » 5,500
— 3e — .... » 4,500
Substitut de l'auditeur militaire .... » 4,000

	Inférieurs	Moyens	Supérieurs
Greffiers : 1re classe......	F. 3,200	3,600	4,000
— 2e —	» 3,000	3,400	3,800
— 3e —	» 2,800	3,200	3,600
Greffiers adjoints : 1re classe	» 2,000	2,300	2,600
— 2e —	» 1,800	2,100	2,400
— 3e —	» 1,600	1,900	2,200

Les greffiers et greffiers adjoints ont droit au traitement moyen après sept années d'exercice à titre effectif des mêmes fonctions dans un ou plusieurs sièges ; après quatorze années, ils ont droit au traitement supérieur. Il n'est pas tenu compte du temps pendant lequel les intéressés ont été privés de leur traitement par suite de congé ou de mesures disciplinaires.

Disposition transitoire.

Les auditeurs militaires en fonctions à Liège, Gand, Bruges et Namur conserveront leur traitement actuel à titre personnel.

Promulguons la présente loi, ordonnons qu'elle soit revêtue du sceau de l'État et publiée par la voie du *Moniteur*.

Donné à Laeken, le 15 juin 1899.

LÉOPOLD.

Par le Roi :

Le Ministre de la Justice :

V. BEGEREM.

Scellé du sceau de l'État :

Le Ministre de la Justice :

V. BEGEREM.

EXTRAIT DU CODE PÉNAL MILITAIRE

Articles applicables aux Sous-Officiers, Caporaux, Brigadiers et Soldats.

Des peines militaires.

Art. 1er. — Les peines militaires sont :
En matière criminelle :
La mort par les armes ;
En matière correctionnelle :
L'incorporation dans une compagnie de correction ;
En matière criminelle et correctionnelle :
La dégradation militaire.

Art. 2. — Tout condamné à la peine de mort en vertu du code pénal militaire sera fusillé.
Si la dégradation militaire n'a pas été prononcée contre lui, il pourra porter, lors de l'exécution, les insignes et l'uniforme de son grade.

Art. 8. — Le militaire qui a encouru une peine criminelle par application du code pénal ordinaire sera condamné à la dégradation militaire. S'il a encouru une peine criminelle en vertu du code pénal militaire, il ne sera condamné à la dégradation que dans les cas déterminés par la loi.

Art. 4. — La dégradation militaire pourra aussi être prononcée contre tout militaire condamné à plus de trois années d'emprisonnement du chef des délits prévus au chapitre V, titre VII, livre II, au chapitre Ier et aux sections II et III du chapitre II, titre IX, livre II, du code pénal ordinaire (1).

Art. 5. — Les effets de la dégradation militaire sont :
La privation du grade et du droit d'en porter les insignes et l'uniforme ;

---

(1) Les délits dont il s'agit dans cet article sont relatifs : au viol, à l'attentat à la pudeur, au vol, à l'extorsion, à l'abus de confiance, à l'escroquerie et à la tromperie.

L'incapacité de servir dans l'armée à quelque titre que ce soit ;

La privation du droit de porter aucune décoration ou autre signe d'une distinction honorifique.

Art. **8**. — L'incorporation dans une compagnie de correction s'applique aux sous-officiers, caporaux, brigadiers et soldats.

Elle comporte pour les sous-officiers, caporaux et brigadiers la privation de leur grade.

Art. **9**. — La durée de l'incorporation dans une compagnie de correction est d'un an au moins et de cinq ans au plus.

Tout sous-officier, caporal, brigadier ou soldat condamné du chef de délits prévus au chapitre V, titre VII, livre II, au chapitre Ier et aux sections II et III du chapitre II, titre IX, livre II du code pénal ordinaire, sera, à l'expiration de sa peine, incorporé dans une compagnie de correction, pour trois ans au plus, s'il n'a pas été condamné, à raison de ces délits, à la dégradation militaire.

Art. **10**. — Lorsque, dans les cas déterminés par le présent code, le coupable aura été condamné à l'emprisonnement et à l'incorporation dans une compagnie de correction, la peine d'emprisonnement sera subie la première.

Art. **11**. — Lorsque plusieurs délits punis de l'emprisonnement concourent avec un ou plusieurs délits punis de l'incorporation dans une compagnie de correction, ou lorsque plusieurs délits punis de l'emprisonnement et de l'incorporation concourent entre eux, cette dernière peine ne sera prononcée que si la durée des peines d'emprisonnement cumulées n'excède pas le terme de dix années, et, dans ce cas, elle ne pourra être prononcée que pour le temps qui complète ce terme.

S'il y a lieu, à raison d'un de ces délits, de prononcer la dégradation militaire, l'incorporation dans une compagnie de correction sera remplacée par la peine d'emprisonnement.

Art. **12**. — En cas de concours de plusieurs délits punis seulement de l'incorporation dans une compagnie de correction, la durée des peines cumulées ne pourra excéder le terme de sept années.

Art. **13**. — La durée de l'emprisonnement subi par le condamné et le temps qu'il aura passé dans une compagnie de correction ne compteront pas comme temps de service.

De la trahison et de l'espionnage.

ART. 15. — Sera coupable de trahison, tout militaire qui aura commis un des crimes ou des délits prévus au chapitre II, titre Ier, livre II du code pénal ordinaire.

ART. 16. — Les peines portées par le chapitre précité de ce code seront remplacées :

L'emprisonnement, par la détention de cinq ans à dix ans ;

La détention de cinq ans à dix ans, par la détention de dix ans à quinze ans ;

La réclusion, par les travaux forcés de dix ans à quinze ans ;

La détention de dix ans à quinze ans, par la détention extraordinaire ;

Les travaux forcés de dix ans à quinze ans, par les travaux forcés de quinze ans à vingt ans ;

La détention extraordinaire, par la détention perpétuelle ;

Les travaux forcés de quinze ans à vingt ans, par les travaux forcés à perpétuité ;

La détention perpétuelle et les travaux forcés à perpétuité, par la mort ;

Le coupable sera, en outre, condamné à la dégradation militaire.

ART. 17. — Est considéré comme espion et sera puni de mort avec dégradation militaire, tout militaire qui se sera introduit dans une place de guerre, dans un poste ou établissement militaire, dans les travaux, camps, bivouacs ou cantonnements d'une armée, pour s'y procurer des documents ou renseignements dans l'intérêt de l'ennemi.

ART. 18. — Est aussi considéré comme espion et sera puni de la détention de dix ans à quinze ans, tout individu qui se sera introduit déguisé dans un des lieux désignés et dans le but indiqué à l'article précédent.

Des infractions qui portent atteinte aux devoirs militaires.

ART. 23. — Le militaire qui, étant en faction ou en vedette, aura abandonné son poste sans avoir rempli sa consigne, sera condamné à l'incorporation dans une compagnie de correction pendant deux ans au plus.

En temps de guerre et à l'armée active, il sera condamné à un emprisonnement de deux ans à cinq ans et à l'incorportion dans une compagnie de correction pour le même terme.

Le coupable sera puni de mort, s'il était en présence de l'ennemi.

Art. **24.** — Tout militaire qui, étant en faction ou en vedette, aura été trouvé ivre ou endormi, sera puni :

De deux ans à cinq ans d'incorporation dans une compagnie de correction, s'il se trouvait en présence de l'ennemi ;

De l'incorporation dans une compagnie de correction pour le terme de deux ans au plus, si, hors le cas prévu par le paragraphe précédent, le fait a eu lieu en temps de guerre et à l'armée active ;

D'une peine disciplinaire dans tous les autres cas.

Art. **25.** — Les peines de l'article précédent seront infligées à tout militaire qui, sans être en faction, aura abandonné son poste dans l'une ou l'autre des circonstances prévues par ledit article et suivant les distinctions qui y sont indiquées.

Si le coupable est chef de poste, le *maximum* de la peine lui sera appliqué.

Art. **26.** — Tout militaire qui, en temps de guerre, ne se sera pas rendu à son poste en cas d'alerte ou lorsque la générale aura été battue, sera puni d'un an à trois ans d'incorporation dans une compagnie de correction.

De l'insubordination et de la révolte.

Art. **28.** — Le militaire qui refusera d'obéir aux ordres de son supérieur ou s'abstiendra à dessein de les exécuter, lorsqu'il est commandé pour un service, sera puni de l'incorporation dans une compagnie de correction pour le terme d'un an à cinq ans, s'il est sous-officier, caporal, brigadier ou soldat.

En temps de guerre et à l'armée active, le sous-officier, caporal, brigadier ou soldat sera puni de l'emprisonnement de deux ans à cinq ans et de l'incorporation dans une compagnie de correction pour le même terme. Si le fait a eu lieu en présence de l'ennemi, le coupable, quel qu'il soit, sera puni de mort.

Art. **29.** — Est qualifiée révolte, toute résistance simultanée aux ordres de leurs chefs, par plus de trois militaires réunis, lorsque l'ordre est donné pour un service.

Art. **30.** — Si la révolte a eu lieu par suite d'un concert, elle sera punie, en temps de guerre et à l'armée active, de la réclusion ; en d'autres circonstances, de l'emprisonnement de deux ans à cinq ans.

Si la révolte n'a pas été le résultat d'un concert, les coupables seront condamnés, en temps de guerre et à l'armée active, à l'emprisonnement de deux ans à cinq ans ; en d'autres circonstances, à l'incorporation dans une compagnie de correction pour deux ans au moins et cinq ans au plus.

Dans tous les autres cas, le *maximum* de la peine sera appliqué aux instigateurs ou chefs de la révolte et aux sous-officiers, caporaux ou brigadiers qui y auront participé.

Des violences et des outrages.

Art. **33.** — Tout militaire coupable de violences envers une sentinelle sera puni de l'incorporation dans une compagnie de correction pendant un an à cinq ans, s'il est sous-officier, caporal, brigadier ou soldat.

Dans le cas prévu par l'article 399 du code pénal ordinaire, le coupable sera puni, en outre, d'un emprisonnement de six mois à trois ans. Il sera condamné à la reclusion dans le cas prévu par l'article 400, et aux travaux forcés de dix ans à quinze ans, dans le cas prévu par l'article 401 dudit code.

Art. **34.** — Les violences commises par un militaire envers son supérieur seront punies, lorsque le coupable est d'un grade inférieur à celui d'officier, de l'incorporation dans une compagnie de correction pour le terme de deux ans à cinq ans, si les violences ont été commises pendant le service ou à l'occasion du service ; pour un terme qui n'excédera pas trois années, si elles ont été commises en toute autre circonstance.

Art. **35.** — Les violences commises par un militaire envers son supérieur seront punies :

D'un emprisonnement de deux à quatre ans, dans le cas prévu par l'article 399 ;

De la reclusion dans le cas de l'article 400 ;

Des travaux forcés de dix ans à quinze ans, dans le cas de l'article 401 du code pénal ordinaire.

Art. **36.** — Si les violences mentionnées à l'article précédent ont été commises pendant le service ou à l'occasion du service, les peines portées par cet article seront remplacées :

L'emprisonnement, par la reclusion ;

La reclusion, par les travaux forcés de dix ans à quinze ans ;

Les travaux forcés de dix ans à quinze ans, par les travaux forcés de quinze ans à vingt ans.

Art. **37.** — Le coupable condamné à l'emprisonnement en vertu de l'article 35 pourra être, en outre, incorporé dans une compagnie de correction pendant trois ans au plus.

ART. **38.** — En temps de guerre et à l'armée active, tout militaire coupable d'avoir commis des violences envers son supérieur sera puni de la détention de cinq ans à dix ans.

Si les violences ont été commises pendant le service ou à l'occasion du service, la peine sera la détention de dix ans à quinze ans.

ART. **39.** — Lorsque les violences commises en temps de guerre et à l'armée active, par un militaire envers son supérieur, auront causé une maladie ou une incapacité de travail personnel, le coupable sera condamné aux travaux forcés de quinze ans à vingt ans.

Il sera condamné aux travaux forcés à perpétuité, dans le cas prévu par l'article 401, § 1er, du code pénal ordinaire.

La peine sera la mort, avec la dégradation militaire, dans le cas de l'article 401, § 2 dudit code.

ART. **40.** — Le meurtre commis par un inférieur sur son supérieur pendant le service ou à l'occasion du service, sera puni de mort avec dégradation militaire.

ART. **41.** — Lorsqu'un militaire aura commis des violences dans la maison où il était logé sur la réquisition de l'autorité publique et contre un habitant de cette maison, le minimum des peines portées par les articles 398, 399, 400 et 401 du code pénal ordinaire sera doublé, s'il s'agit de l'emprisonnement, et élevé de deux ans, s'il s'agit de la reclusion ou des travaux forcés.

ART. **42.** — Tout militaire qui aura outragé son supérieur sera puni de l'incorporation dans une compagnie de correction pendant un terme qui n'excédera pas deux ans, s'il n'est pas officier.

Lorsque l'outrage a eu lieu pendant le service ou à l'occasion du service, le coupable sera condamné à l'incorporation dans une compagnie de correction pendant trois ans au plus.

De la désertion.

ART. **45.** — Est réputé comme déserteur :

Tout sous-officier, caporal, brigadier ou soldat qui se sera absenté de son corps ou de son détachement, sans y être autorisé, pendant plus de trois jours, en temps de guerre, pendant plus de huit jours en temps de paix ;

Tout sous-officier, caporal, brigadier ou soldat qui, voyageant isolément, ne sera pas arrivé à destination, en temps de guerre, trois jours, en temps de paix, huit jours, après celui qui lui aura été fixé ;

Tout sous-officier, caporal, brigadier ou soldat en permission ou en congé qui ne sera pas rentré à son corps, en temps de guerre, trois jours, en temps de paix, quinze jours, après l'expiration de son congé ou de sa permission, ou après l'époque fixée par un ordre de rappel ;

Tout milicien que le tirage au sort a désigné pour le service et qui s'expatrie postérieurement pour se soustraire à l'incorporation.

Art. **46.** — Tout sous-officier, caporal, brigadier ou soldat coupable de désertion en temps de paix sera puni de l'incorporation dans une compagnie de correction pour trois ans au plus.

Art. **47.** — La durée de cette incorporation sera de deux ans à cinq ans :

Si le coupable a déjà antérieurement été condamné pour désertion ;

S'il a déserté de concert avec un camarade ;

S'il a emporté son arme à feu ou emmené son cheval ;

S'il faisait partie d'une patrouille, d'une garde, d'un poste ou de tout autre service armé au moment de la désertion ;

S'il a franchi les limites du territoire belge ;

S'il a déserté d'une compagnie de correction ;

S'il a fait usage d'un congé ou permission contrefait ou falsifié.

Art. **48.** — Le maximum des peines portées aux deux articles précédents sera prononcé lorsque la désertion aura lieu en temps de guerre.

Art. **49.** — Est réputée désertion avec complot, toute désertion effectuée de concert par plus de deux militaires.

Art. **50.** — Le chef du complot sera puni, en temps de paix, d'un emprisonnement de deux ans à cinq ans et de l'incorporation pendant cinq ans dans une compagnie de correction ; en temps de guerre, il sera condamné à la reclusion.

Les autres coupables seront punis, en temps de paix, de l'incorporation dans une compagnie de correction pour cinq ans ; en temps de guerre, ils seront condamnés, en outre, à un emprisonnement de deux ans à cinq ans.

Art. **51.** — Tout déserteur en présence de l'ennemi sera puni de la réclusion, s'il est d'un rang inférieur à celui d'officier.

Art. **52.** — Sera puni de mort tout militaire coupable de désertion à l'ennemi.

Art. **53.** — Dans les cas prévus dans les deux articles précédents, le coupable sera condamné, en outre, à la dégradation militaire.

Des détournements, des vols et de la vente des effets militaires.

Art. **54**. — Seront punis conformément aux dispositions du code pénal ordinaire :

Le militaire qui aura détourné des armes, des munitions, des objets de casernement ou de campement, des deniers ou des effets quelconques qui appartiennent à des militaires ou à l'Etat, et dont il était comptable ou qui étaient confiés à sa garde ;

Le militaire qui, sans être ni comptable ni préposé à la garde des choses spécifiées au paragraphe précédent, les aura frauduleusement soustraites.

Dans tous les cas, si le coupable est sous-officier, caporal ou brigadier, il sera privé de son grade.

Art. **55**. — Sera aussi puni conformément aux dispositions du code pénal ordinaire, sans toutefois que la peine puisse être inférieure à six mois d'emprisonnement, le militaire qui se sera rendu coupable de vol au préjudice ou dans la maison de l'habitant chez lequel il était logé sur la réquisition de l'autorité publique.

Art. **56**. — Tout sous-officier, caporal, brigadier ou soldat qui aura vendu, donné, échangé, mis en gage, détruit ou dissipé d'une manière quelconque ses effets d'habillement, d'équipement ou d'armement, sera incorporé dans une compagnie de correction pour deux ans au plus.

Art. **57**. — La même peine sera appliquée à celui qui, après une absence de son corps, n'aura pas reproduit les objets mentionnés à l'article précédent, à moins qu'il ne prouve qu'il en a été dépouillé par suite de force majeure.

www.ingramcontent.com/pod-product-compliance
Lightning Source LLC
Chambersburg PA
CBHW070742210326
41520CB00016B/4548